I SPEAK GREEK LEVEL 1 AND 2

COMMON GREEK WORDS IN CONTEXT FOR FLASH CARDS

Fluent Edition

Contents

Level 1

1 - 1

How is the movie?
Πώς είναι η ταινία;

1 - 2

I'm hungry.
Πεινάω.

1 - 3

I've got to go now.
Πρέπει να φύγω τώρα.

1 - 4

Both are the same.
Και τα δύο είναι το ίδιο.

1 - 5

Good afternoon.
Καλησπέρα σας.

1 - 6

Drink your coffee.
Πιες τον καφέ σου.

1 - 7

You must be tired.
Πρέπει να είσαι κουρασμένη.

Week 1

Level 1

2 - 1

I'm lost.
Έχω χαθεί.

2 - 2

Open for residents.
Ανοιχτό για τους κατοίκους.

2 - 3

Don't move!
Μην κουνιέσαι!

2 - 4

Mind your business.
Πρόσεχε τη δουλειά σου.

2 - 5

Many happy returns.
Χρόνια πολλά.

2 - 6

I am happy today.
Είμαι ευτυχισμένη σήμερα.

2 - 7

He stood on stage.
Στάθηκε στη σκηνή.

Week 2

Level 1

3 - 1

She reacted well.
Αντέδρασε καλά.

3 - 2

Then, you.
Τότε, εσύ.

3 - 3

She despised him.
Τον περιφρονούσε.

3 - 4

Don't threaten me.
Μην με απειλείς.

3 - 5

Excuse me.
Με συγχωρείτε.

3 - 6

Incredible.
Απίστευτο.

3 - 7

When did he come?
Πότε ήρθε;

Week 3

Level 1

4 - 1

I am fine and you?
Εγώ είμαι καλά και εσύ;

4 - 2

I beg your pardon.
Με συγχωρείτε.

4 - 3

Congratulations!
Συγχαρητήρια!

4 - 4

It's pay day!
Είναι μέρα πληρωμής!

4 - 5

The pool is packed.
Η πισίνα είναι γεμάτη.

4 - 6

He came here.
Ήρθε εδώ.

4 - 7

Next is your turn.
Τώρα είναι η σειρά σου.

Week 4

Level 1

5 - 1

Mind the steps.

Πρόσεχε τα σκαλοπάτια.

5 - 2

Turn around.

Γύρνα.

5 - 3

I'm starving.

Πεθαίνω της πείνας.

5 - 4

I think so, too.

Κι εγώ έτσι νομίζω.

5 - 5

This way please.

Από εδώ παρακαλώ.

5 - 6

How do you manage?

Πώς τα καταφέρνεις;

5 - 7

The water is soft.

Το νερό είναι μαλακό.

Week 5

Level 1

6 - 1

Come again?
Θα ξαναέρθεις;

6 - 2

The last step is.
Το τελευταίο βήμα είναι.

6 - 3

He's a taxi driver.
Είναι οδηγός ταξί.

6 - 4

The moon is waxing.
Το φεγγάρι μεγαλώνει.

6 - 5

Best wishes.
Τις καλύτερες ευχές.

6 - 6

This is my fiancé.
Αυτός είναι ο αρραβωνιαστικός μου.

6 - 7

What does it mean?
Τι σημαίνει αυτό;

Week 6

Level 2

7 - 1

A handful of beans.
Μια χούφτα φασόλια.

7 - 2

Start the engine.
Βάλε μπροστά τη μηχανή.

7 - 3

Just a moment.
Μια στιγμή μόνο.

7 - 4

He's not arrogant.
Δεν είναι αλαζόνας.

7 - 5

Jump at the chance.
ρπαξε την ευκαιρία.

7 - 6

He was overtaking.
Προσπέρασε.

7 - 7

Have a good time.
Να περάσετε καλά.

Week 7

Level 2

8 - 1

Sure. I'll come.

Βέβαια. Θα έρθω.

8 - 2

Pretty well.

Αρκετά καλά.

8 - 3

His car is new.

Το αυτοκίνητό του είναι καινούργιο.

8 - 4

I love tomatoes.

Λατρεύω τις ντομάτες.

8 - 5

The meal is ready.

Το γεύμα είναι έτοιμο.

8 - 6

Take a deep breath.

Πάρε μια βαθιά ανάσα.

8 - 7

It hurts.

Πονάει.

Week 8

Level 2

9 - 1

2/26

I'm against it.
Είμαι αντίθετος.

9 - 2

Forget the past.
Ξεχάστε το παρελθόν.

9 - 3

Let's go home.
Πάμε σπίτι.

9 - 4

I don't know yet.
Δεν ξέρω ακόμα.

9 - 5

How about water?
Τι θα λέγατε για νερό;

9 - 6

Do not lean.
Μην σκύβεις.

9 - 7

Hi.
Γεια σας.

Week 9

Level 2

10 - 1

That's awful.
Αυτό είναι απαίσιο.

10 - 2

Welcome to Japan.
Καλώς ήρθατε στην Ιαπωνία.

10 - 3

What a letdown.
Τι απογοήτευση.

10 - 4

Take a look around.
Ρίξε μια ματιά τριγύρω.

10 - 5

I do the paperwork.
Θα κάνω τη γραφειοκρατία.

10 - 6

Look up.
Κοίτα πάνω.

10 - 7

It's very cheap.
Είναι πολύ φτηνό.

Week 10

Level 2

11 - 1

She has blue eyes.
Έχει μπλε μάτια.

11 - 2

How many people?
Πόσοι άνθρωποι;

11 - 3

They shook hands.
Έδωσαν τα χέρια.

11 - 4

You're bleeding.
Αιμορραγείς.

11 - 5

He is my husband.
Είναι ο σύζυγός μου.

11 - 6

Anything else?
Τίποτα άλλο;

11 - 7

Please hold on.
Σε παρακαλώ, κρατήσου.

Week 11

Level 2

12 - 1

I will take a bath.
Θα κάνω ένα μπάνιο.

2/26

12 - 2

That's not right.
Αυτό δεν είναι σωστό.

12 - 3

Let's ask Mom.
Ας ρωτήσουμε τη μαμά.

12 - 4

Lastly, you.
Τέλος, εσύ.

12 - 5

He's older than me.
Είναι μεγαλύτερος από μένα.

12 - 6

Are you sure?
Είσαι σίγουρος;

12 - 7

Yes, I'd love to.
Ναι, θα το ήθελα πολύ.

Week 12

Level 3

3/26

13 - 1

Repeat after me.
Επαναλάβετε μετά από μένα.

13 - 2

Hazardous waste.
Επικίνδυνα απόβλητα.

13 - 3

Please do.
Σε παρακαλώ, κάνε το.

13 - 4

Did he come?
Ήρθε;

13 - 5

I'm very sorry.
Λυπάμαι πολύ.

13 - 6

It's been so cold.
Κάνει πολύ κρύο.

13 - 7

You can try it.
Μπορείτε να το δοκιμάσετε.

Week 13

Level 3

14 - 1

Sure.
Εντάξει.

14 - 2

Hello everyone.
Γεια σε όλους.

14 - 3

This dance is easy.
Αυτός ο χορός είναι εύκολος.

14 - 4

Keep yourself cool.
Μείνε ψύχραιμος.

14 - 5

Sorry to say that.
Λυπάμαι που το λέω αυτό.

14 - 6

Don't beat him.
Μην τον χτυπάτε.

14 - 7

Can I help you?
Μπορώ να σας βοηθήσω;

Week 14

Level 3

15 - 1

It is direct?
Είναι άμεσο;

15 - 2

He is in debt.
Είναι χρεωμένος.

15 - 3

Is the story real?
Είναι αληθινή η ιστορία;

15 - 4

Switch off the T.V.
Κλείσε την τηλεόραση.

15 - 5

What is your name?
Πώς σε λένε;

15 - 6

Please ask someone.
Παρακαλώ ρωτήστε κάποιον.

15 - 7

Do not smoke.
Μην καπνίζετε.

Week 15

Level 3

16 - 1

It is already 8.30.
Είναι ήδη 8.30.

16 - 2

Forget it.
Ξέχνα το.

16 - 3

My back itches.
Με τρώει η πλάτη μου.

16 - 4

Your name please?
Το όνομά σας, παρακαλώ;

16 - 5

Does the dog bark?
Γαβγίζει ο σκύλος;

16 - 6

Her face is pale.
Το πρόσωπό της είναι χλωμό.

16 - 7

Shall we start?
Ξεκινάμε;

Week 16

Level 3

17 - 1

How are you?
Τι κάνεις;

3/26

17 - 2

Read them aloud.
Διαβάστε τα δυνατά.

17 - 3

He turned the page.
Γύρισε τη σελίδα.

17 - 4

Where do you work?
Πού δουλεύεις;

17 - 5

It's a great shame.
Είναι μεγάλη ντροπή.

17 - 6

I'm from Roma.
Είμαι από τη Ρώμη.

17 - 7

I go by bus.
Θα πάω με το λεωφορείο.

Week 17

Level 3

18 - 1

I am out for lunch.
Έχω βγει για φαγητό.

18 - 2

He owes me one.
Μου χρωστάει.

18 - 3

I'm sleepy.
Νυστάζω.

18 - 4

I'm afraid not.
Φοβάμαι πως όχι.

18 - 5

A leaf of lettuce.
Ένα φύλλο μαρούλι.

18 - 6

I like dogs a lot.
Μου αρέσουν πολύ τα σκυλιά.

18 - 7

I am really cold.
Κρυώνω πολύ.

Week 18

Level 4

19 - 1

Is he running?
Τρέχει;

4/26

19 - 2

Bear in mind.
Να θυμάσαι.

19 - 3

We met yesterday.
Συναντηθήκαμε χθες.

19 - 4

Very Good!
Πολύ καλά!

19 - 5

I'm a student.
Είμαι φοιτήτρια.

19 - 6

Wait for sometime.
Περίμενε κάποια στιγμή.

19 - 7

My father yawned.
Ο πατέρας μου χασμουρήθηκε.

Week 19

Level 4

20 - 1

A dash of pepper.
Μια πρέζα πιπέρι.

4/26

20 - 2

He is very smart.
Είναι πολύ έξυπνος.

20 - 3

Sea water is salty.
Το θαλασσινό νερό είναι αλμυρό.

20 - 4

Are you John?
Είσαι ο Τζον;

20 - 5

You look great.
Φαίνεσαι υπέροχη.

20 - 6

Do like your job?
Σου αρέσει η δουλειά σου;

20 - 7

Work in progress.
Εργασία σε εξέλιξη.

Week 20

Level 4

21 - 1

I mended it.
Το επιδιόρθωσα.

4/26

21 - 2

Julia is my sister.
Η Τζούλια είναι η αδελφή μου.

21 - 3

My room is small.
Το δωμάτιό μου είναι μικρό.

21 - 4

Let's begin.
Ας ξεκινήσουμε.

21 - 5

Is it serious?
Είναι σοβαρό;

21 - 6

Follow this road.
Ακολουθήστε αυτό το δρόμο.

21 - 7

Next, you.
Επόμενος, εσύ.

Week 21

Level 4

22 - 1

Why is he dull?

Γιατί είναι βαρετός;

22 - 2

The child woke up.

Το παιδί ξύπνησε.

4/26

22 - 3

Please come closer.

Παρακαλώ, ελάτε πιο κοντά.

22 - 4

Reduce the volume.

Χαμηλώστε την ένταση.

22 - 5

A slice of pizza.

Ένα κομμάτι πίτσα.

22 - 6

Who called you?

Ποιος σου τηλεφώνησε;

22 - 7

Can you hear me?

Μπορείς να με ακούσεις;

Week 22

Level 4

23 - 1

I understand.
Καταλαβαίνω.

4/26

23 - 2

See you at 8 P.M.
Τα λέμε στις 8 μ.μ.

23 - 3

I am an Engineer.
Εγώ είμαι μηχανικός.

23 - 4

See you later.
Τα λέμε αργότερα.

23 - 5

My pleasure.
Ευχαρίστησή μου.

23 - 6

Just stay focused.
Απλά μείνε συγκεντρωμένος.

23 - 7

The door bell rang.
Το κουδούνι της πόρτας χτύπησε.

Week 23

Level 4

24 - 1

He's very popular.
Είναι πολύ δημοφιλής.

24 - 2

4/26

Never mind.
Δεν πειράζει.

24 - 3

Do some yoga.
Κάνε γιόγκα.

24 - 4

She is nearsighted.
Είναι μυωπική.

24 - 5

Cross the street.
Διασχίστε το δρόμο.

24 - 6

Who's speaking?
Ποιος σου μιλάει;

24 - 7

No passing.
Όχι προσπέραση.

Week 24

Level 5

25 - 1

I'm 27 years old.
Είμαι 27 ετών.

25 - 2

It's windy.
Έχει αέρα.

25 - 3

What's your view?
Ποια είναι η άποψή σου;

25 - 4

I am fine.
Είμαι καλά.

25 - 5

Why should I care?
Γιατί να με νοιάζει;

25 - 6

She said so.
Το είπε.

25 - 7

That's so sad.
Αυτό είναι τόσο λυπηρό.

Week 25

Level 5

26 - 1

He's still single.
Είναι ακόμα ελεύθερος.

26 - 2

He believes in God.
Πιστεύει στο Θεό.

5/26

26 - 3

Don't disturb me.
Μην με ενοχλείς.

26 - 4

I don't like him.
Δεν τον συμπαθώ.

26 - 5

I see.
Βλέπω.

26 - 6

I'm angry about.
Είμαι θυμωμένος.

26 - 7

It tastes good!
Έχει ωραία γεύση!

Week 26

Level 5

27 - 1

Sure, go ahead.
Βέβαια, προχωρήστε.

27 - 2

5/26

The floor is wet.
Το πάτωμα είναι βρεγμένο.

27 - 3

I am on a diet.
Κάνω δίαιτα.

27 - 4

It's hot outside.
Κάνει ζέστη έξω.

27 - 5

Does the dog bite?
Δαγκώνει ο σκύλος;

27 - 6

He is my neighbour.
Είναι ο γείτονάς μου.

27 - 7

She smiled at me.
Μου χαμογέλασε.

Week 27

Level 5

28 - 1

Watch your mouth.

Πρόσεχε το στόμα σου.

28 - 2

This is absurd!

Αυτό είναι παράλογο!

5/26

28 - 3

Bring them here.

Φέρτε τους εδώ.

28 - 4

Great, thanks.

Ωραία, ευχαριστώ.

28 - 5

I have a headache.

Έχω πονοκέφαλο.

28 - 6

Thanks a lot.

Ευχαριστώ πολύ.

28 - 7

Roses smell sweet.

Τα τριαντάφυλλα μυρίζουν γλυκά.

Week 28

Level 5

29 - 1

Why did he come?
Γιατί ήρθε;

29 - 2

Enjoy!
Καλή διασκέδαση!

5/26

29 - 3

I don't care.
Δεν με νοιάζει.

29 - 4

It's five to five.
Είναι πέντε παρά πέντε.

29 - 5

Raise your pencils.
Σηκώστε τα μολύβια σας.

29 - 6

Please forgive me.
Παρακαλώ συγχωρέστε με.

29 - 7

My wallet is empty.
Το πορτοφόλι μου είναι άδειο.

Week 29

Level 5

30 - 1

Nice work.
Καλή δουλειά.

30 - 2

Cheers!
Στην υγειά μας!

5/26

30 - 3

Get enough sleep.
Κοιμηθείτε αρκετά.

30 - 4

He's rich.
Είναι πλούσιος.

30 - 5

Are you awake?
Είσαι ξύπνιος;

30 - 6

You may now go.
Μπορείς τώρα να φύγεις.

30 - 7

No problem.
Κανένα πρόβλημα.

Week 30

Level 6

31 - 1

Long time no see.
Χρόνια και ζαμάνια.

31 - 2

6/26

Raise your hands.
Σηκώστε τα χέρια σας.

31 - 3

I am so sorry.
Λυπάμαι πολύ.

31 - 4

What's up?
Τι συμβαίνει;

31 - 5

Take them with you.
Πάρτε τα μαζί σας.

31 - 6

Just stay there.
Απλά μείνε εκεί.

31 - 7

Are you ready?
Είσαι έτοιμος;

Week 31

Level 6

32 - 1

Can I sit here?
Μπορώ να καθίσω εδώ;

32 - 2

Don't go there.
Μην πας εκεί.

6/26

32 - 3

She left a message.
Άφησε ένα μήνυμα.

32 - 4

All are fine.
Όλοι είναι μια χαρά.

32 - 5

Did you call me?
Μου τηλεφώνησες;

32 - 6

It's okay.
Είναι εντάξει.

32 - 7

Stop.
Σταμάτα.

Week 32

Level 6

33 - 1

Don't mention it.
Μην το αναφέρεις.

33 - 2

6/26

I love cooking.
Λατρεύω το μαγείρεμα.

33 - 3

Are you employed?
Είσαι υπάλληλος;

33 - 4

It's not true.
Δεν είναι αλήθεια.

33 - 5

How much is this?
Πόσο κοστίζει αυτό;

33 - 6

I feel sleepy.
Νυστάζω.

33 - 7

Do not open.
Μην ανοίγεις.

Week 33

Level 6

34 - 1

Listen to me.
κουσέ με.

34 - 2

It's was nothing.
Δεν ήταν τίποτα.

34 - 3

She's very pretty.
Είναι πολύ όμορφη.

34 - 4

I'm scared of dogs.
Φοβάμαι τα σκυλιά.

34 - 5

A pitcher of beer.
Μια κανάτα μπύρα.

34 - 6

I have a scooter.
Έχω ένα σκούτερ.

34 - 7

Can anyone hear me?
Με ακούει κανείς;

Week 34

Level 6

35 - 1

I study philosophy.
Σπουδάζω φιλοσοφία.

35 - 2

I inhaled dust.
Εισέπνευσα σκόνη.

6/26

35 - 3

That's a good idea.
Καλή ιδέα.

35 - 4

What did you say?
Τι είπες;

35 - 5

What a pity.
Τι κρίμα.

35 - 6

Here is the bill.
Εδώ είναι ο λογαριασμός.

35 - 7

She talks a lot.
Μιλάει πολύ.

Week 35

Level 6

36 - 1

Can I borrow a pen?
Μπορώ να δανειστώ ένα στυλό;

36 - 2

Oh, my god. Really?
Ω, Θεέ μου. Αλήθεια; Αλήθεια;

6/26

36 - 3

Calm down.
Ηρέμησε.

36 - 4

Are you alright?
Είσαι καλά;

36 - 5

3 is an odd number.
Το 3 είναι μονός αριθμός.

36 - 6

I had a great time.
Πέρασα υπέροχα.

36 - 7

Get lost.
ντε χάσου.

Week 36

Level 7

37 - 1

It's stifling hot.

Κάνει αποπνικτική ζέστη.

37 - 2

Pork is delicious.

Το χοιρινό είναι νόστιμο.

7/26

37 - 3

Hello.

Γεια σας.

37 - 4

His legs are short.

Τα πόδια του είναι κοντά.

37 - 5

Enjoy your stay!

Απολαύστε τη διαμονή σας!

37 - 6

It's hot.

Κάνει ζέστη.

37 - 7

I don't fell well.

Δεν είμαι καλά.

Week 37

Level 7

38 - 1

You're fired.

Απολύεσαι.

38 - 2

Dry your hair well.

Στέγνωσε καλά τα μαλλιά σου.

38 - 3

Please stop joking.

Παρακαλώ σταματήστε να αστειεύεστε.

38 - 4

He has no time.

Δεν έχει χρόνο.

38 - 5

Here's my ID.

Ορίστε η ταυτότητά μου.

38 - 6

We're classmates.

Είμαστε συμμαθητές.

38 - 7

My watch is slow.

Το ρολόι μου πάει αργά.

Week 38

Level 7

39 - 1

Do not wash.
Μην πλένεις.

39 - 2

It's very gaudy.
Είναι πολύ φανταχτερό.

7/26

39 - 3

I work from home.
Δουλεύω από το σπίτι.

39 - 4

Mind your tongue.
Πρόσεχε τη γλώσσα σου.

39 - 5

Is this your bag?
Αυτή είναι η τσάντα σας;

39 - 6

He doesn't smoke.
Δεν καπνίζει.

39 - 7

Great.
Ωραία.

Week 39

Level 7

40 - 1

I love to eat.
Μου αρέσει να τρώω.

40 - 2

He's a nasty man.
Είναι κακός άνθρωπος.

40 - 3

The house is roomy.
Το σπίτι είναι ευρύχωρο.

40 - 4

Let it go.
Αφήστε το να φύγει.

40 - 5

I'll pay by card.
Θα πληρώσω με κάρτα.

40 - 6

How late is it?
Πόσο αργά είναι;

40 - 7

A table for two?
Ένα τραπέζι για δύο;

Week 40

Level 7

41 - 1

Her baby is cute.
Το μωρό της είναι χαριτωμένο.

41 - 2

Can I try this on?
Μπορώ να το δοκιμάσω αυτό;

41 - 3

I miss you.
Μου λείπεις.

41 - 4

Happy Holidays!
Καλές διακοπές!

41 - 5

What's happening?
Τι συμβαίνει;

41 - 6

She likes tall men.
Της αρέσουν οι ψηλοί άντρες.

41 - 7

Please sit there.
Παρακαλώ καθίστε εκεί.

Week 41

Level 7

42 - 1

I doubt it.
Αμφιβάλλω.

42 - 2

I am ready.
Είμαι έτοιμος.

7/26

42 - 3

I didn't mean to.
Δεν το ήθελα.

42 - 4

I feel sick today.
Αισθάνομαι άρρωστος σήμερα.

42 - 5

Have dinner.
Φάε βραδινό.

42 - 6

No smoking.
Απαγορεύεται το κάπνισμα.

42 - 7

She loves to dance.
Της αρέσει να χορεύει.

Week 42

Level 8

43 - 1

My sister is kind.
Η αδελφή μου είναι ευγενική.

43 - 2

I hate the dentist.
Μισώ τον οδοντίατρο.

43 - 3

This seat is taken.
Αυτή η θέση είναι πιασμένη.

43 - 4

How do I know that?
Πώς το ξέρω αυτό;

43 - 5

Certainly.
Βεβαίως.

43 - 6

It's yummy.
Είναι νόστιμα.

43 - 7

You can't.
Δεν μπορείς να το κάνεις.

Week 43

Level 8

44 - 1

Me too.
Κι εγώ.

44 - 2

Pedestrian bridge.
Πεζογέφυρα.

44 - 3

Bless you!
Να 'σαι καλά!

44 - 4

The weather is hot.
Ο καιρός είναι ζεστός.

44 - 5

Goodbye.
Αντίο.

44 - 6

Turn left.
Στρίψε αριστερά.

44 - 7

Go ahead.
Πήγαινε.

Week 44

Level 8

45 - 1

These shoes fit me.
Αυτά τα παπούτσια μου ταιριάζουν.

45 - 2

No stopping.
Δεν υπάρχει διακοπή.

8/26

45 - 3

My soup is cold.
Η σούπα μου είναι κρύα.

45 - 4

I am terrified.
Είμαι τρομοκρατημένη.

45 - 5

Well done.
Μπράβο.

45 - 6

He burned his hand.
Έκαψε το χέρι του.

45 - 7

He had indigestion.
Είχε δυσπεψία.

Week 45

Level 8

46 - 1

It's midnight.
Είναι μεσάνυχτα.

46 - 2

I did my best.
Έκανα ό,τι μπορούσα.

46 - 3

I'm positive.
Είμαι θετικός.

46 - 4

No, I'm serious.
Όχι, μιλάω σοβαρά.

46 - 5

It looks delicious.
Φαίνεται νόστιμο.

46 - 6

May I come in?
Μπορώ να περάσω;

46 - 7

He owns three cars.
Έχει τρία αυτοκίνητα.

Week 46

Level 8

47 - 1

Let's go to bed.
Ας πάμε στο κρεβάτι.

47 - 2

It's a good deal.
Είναι μια καλή συμφωνία.

8/26

47 - 3

I like grapes.
Μου αρέσουν τα σταφύλια.

47 - 4

I sold old books.
Πούλησα παλιά βιβλία.

47 - 5

The stew burnt.
Το στιφάδο κάηκε.

47 - 6

He used to be poor.
Παλιά ήταν φτωχός.

47 - 7

I will buy it.
Θα το αγοράσω.

Week 47

Level 8

48 - 1

No entry for buses.

Απαγορεύεται η είσοδος για τα λεωφορεία.

48 - 2

My name is John.

Το όνομά μου είναι Τζον.

48 - 3

In my opinion.

Κατά τη γνώμη μου.

8/26

48 - 4

The ship sank.

Το πλοίο βυθίστηκε.

48 - 5

Safe trip!

Καλό ταξίδι!

48 - 6

Don't do it again.

Μην το ξανακάνεις.

48 - 7

Enjoy your meal!

Απολαύστε το γεύμα σας!

Week 48

Level 9

49 - 1

Sorry. You can't.
Συγγνώμη. Δεν μπορείς να το κάνεις.

49 - 2

What's the time?
Τι ώρα είναι;

9/26

49 - 3

We are hungry.
Πεινάμε.

49 - 4

Do not iron.
Μην σιδερώνεις.

49 - 5

Does he add wealth?
Προσθέτει πλούτο;

49 - 6

How much is it?
Πόσο κοστίζει;

49 - 7

Are you Ok?
Είσαι καλά;

Week 49

Level 9

50 - 1

He speaks clearly.
Μιλάει καθαρά.

50 - 2

How sure are you?
Πόσο σίγουρος είσαι;

50 - 3

I'm sure about it.
Είμαι σίγουρος γι' αυτό.

50 - 4

This is my brother.
Αυτός είναι ο αδελφός μου.

50 - 5

I'll check.
Θα το ελέγξω.

50 - 6

Let's take a break.
Ας κάνουμε ένα διάλειμμα.

50 - 7

Did he award him?
Τον βράβευσε;

Week 50

Level 9

51 - 1

I am a vegetarian.
Είμαι χορτοφάγος.

51 - 2

I'm really sorry.
Λυπάμαι πολύ.

51 - 3

Is the shop open?
Είναι ανοιχτό το μαγαζί;

51 - 4

Help! Shark attack!
Βοήθεια! Επίθεση καρχαρία!

51 - 5

A kilo of fish.
Ένα κιλό ψάρια.

51 - 6

Milk was sold out.
Το γάλα εξαντλήθηκε.

51 - 7

Do not cross.
Μην περνάτε.

Week 51

Level 9

52 - 1

He's a nice guy.
Είναι καλός άνθρωπος.

52 - 2

How is your mother?
Πώς είναι η μητέρα σου;

52 - 3

I feel powerful.
Αισθάνομαι δυνατός.

9/26

52 - 4

I'm finished.
Τελείωσα.

52 - 5

I pickup very fast.
Παίρνω πολύ γρήγορα.

52 - 6

Was I appointed?
Με διόρισαν;

52 - 7

What is his name?
Πώς τον λένε;

Week 52

Level 9

53 - 1

Absolutely.
Απολύτως.

53 - 2

Read it out loud.
Διαβάστε το δυνατά.

53 - 3

9/26

I like wine.
Μου αρέσει το κρασί.

53 - 4

Solve the equation.
Λύστε την εξίσωση.

53 - 5

Her skin is smooth.
Το δέρμα της είναι απαλό.

53 - 6

He felt miserable.
Ένιωθε δυστυχισμένος.

53 - 7

How tall are you?
Πόσο ψηλός είσαι;

Week 53

Level 9

54 - 1

He is out of town.
Είναι εκτός πόλης.

54 - 2

A roll of tissue.
Ένα ρολό χαρτομάντιλο.

54 - 3

I broke my arm.
Έσπασα το χέρι μου.

9/26

54 - 4

He is a dentist.
Είναι οδοντίατρος.

54 - 5

Why do you worry?
Γιατί ανησυχείς;

54 - 6

Please feel free.
Παρακαλώ αισθανθείτε ελεύθεροι.

54 - 7

I can't. I'm sorry.
Δεν μπορώ. Λυπάμαι.

Week 54

Level 10

55 - 1

Let's share duties.
Ας μοιραστούμε τα καθήκοντά μας.

55 - 2

I feel feverish.
Έχω πυρετό.

55 - 3

Let's try harder.
10/26 **Ας προσπαθήσουμε περισσότερο.**

55 - 4

I'm unemployed.
Είμαι άνεργος.

55 - 5

Enter.
Μπείτε μέσα.

55 - 6

My jaw hurts.
Το σαγόνι μου πονάει.

55 - 7

I belong to Oxford.
Ανήκω στην Οξφόρδη.

Week 55

Level 10

56 - 1

A pinch of salt.
Μια πρέζα αλάτι.

56 - 2

That was excellent.
Αυτό ήταν εξαιρετικό.

56 - 3

I completely agree.
Συμφωνώ απόλυτα.

10/26

56 - 4

I don't get it.
Δεν καταλαβαίνω.

56 - 5

Is she your sister?
Είναι η αδερφή σου;

56 - 6

He looked at me.
Με κοίταξε.

56 - 7

No, thanks.
Όχι, ευχαριστώ.

Week 56

Level 10

57 - 1

The server is down.
Ο διακομιστής είναι εκτός λειτουργίας.

57 - 2

How's it going?
Πώς πάει;

57 - 3

I paid my car tax.
Πλήρωσα τα τέλη κυκλοφορίας του αυτοκινήτου μου.

10/26

57 - 4

A bird is flying.
Ένα πουλί πετάει.

57 - 5

I caught a cold.
Κρυολόγησα.

57 - 6

Bye. Take care.
Αντίο. Να προσέχεις.

57 - 7

It's 6 A.M now.
Είναι 6 π.μ. τώρα.

Week 57

Level 10

58 - 1

This is my sister.
Αυτή είναι η αδελφή μου.

58 - 2

He has long legs.
Έχει μακριά πόδια.

58 - 3

How is your sister?
Πώς είναι η αδελφή σου;

10/26

58 - 4

How can I help you?
Πώς μπορώ να σας βοηθήσω;

58 - 5

Are you on time?
Είσαι στην ώρα σου;

58 - 6

Lock the door.
Κλείδωσε την πόρτα.

58 - 7

What can you say?
Τι μπορείς να πεις;

Week 58

Level 10

59 - 1

I feel dizzy.
Ζαλίζομαι.

59 - 2

Did it rain there?
Έβρεξε εκεί;

59 - 3

Boys, be ambitious.
Παιδιά, να είστε φιλόδοξοι.

10/26

59 - 4

I don't mind.
Δεν με νοιάζει.

59 - 5

Today is a holiday.
Σήμερα είναι αργία.

59 - 6

I found a new job.
Βρήκα νέα δουλειά.

59 - 7

First aid center.
Κέντρο πρώτων βοηθειών.

Week 59

Level 10

60 - 1

I feel thirsty.
Διψάω.

60 - 2

Which is your bag?
Ποια είναι η τσάντα σου;

60 - 3

Who's next?
Ποιος είναι ο επόμενος;

10/26

60 - 4

What do you want?
Τι θέλεις;

60 - 5

Does he beat me?
Με χτυπάει;

60 - 6

Get up.
Σηκωθείτε.

60 - 7

I'm thirty.
Είμαι τριάντα.

Week 60

Level 11

61 - 1

Yes, you can.
Ναι, μπορείς.

61 - 2

He laughed loudly.
Γέλασε δυνατά.

61 - 3

I'm learning judo.
Μαθαίνω τζούντο.

11/26

61 - 4

She's in the movie.
Παίζει στην ταινία.

61 - 5

Read the paragraph.
Διαβάστε την παράγραφο.

61 - 6

I just love summer.
Λατρεύω το καλοκαίρι.

61 - 7

I can't read a map.
Δεν μπορώ να διαβάσω ένα χάρτη.

Week 61

Level 11

62 - 1

Is it useful?
Είναι χρήσιμο;

62 - 2

Good night.
Καληνύχτα.

62 - 3

I am from Paris.
Είμαι από το Παρίσι.

11/26

62 - 4

Don't cry.
Μην κλαις.

62 - 5

I am nervous.
Είμαι νευρικός.

62 - 6

He has a car.
Έχει αυτοκίνητο.

62 - 7

I have a backache.
Έχω πόνο στην πλάτη.

Week 62

Level 11

63 - 1

Smoking area.
Χώρος καπνιζόντων.

63 - 2

Don't be late.
Μην αργήσεις.

63 - 3

With pleasure.
Ευχαρίστως.

63 - 4

Does he act well?
Φέρεται καλά;

63 - 5

Stop fighting.
Σταματήστε να τσακώνεστε.

63 - 6

Happy Anniversary!
Ευτυχισμένη επέτειο!

63 - 7

I have a toothache.
Έχω πονόδοντο.

Week 63

Level 11

64 - 1

What's that?
Τι είναι αυτό;

64 - 2

I am a nurse.
Είμαι νοσοκόμα.

64 - 3

How is it?
Πως είναι;

11/26

64 - 4

I moved last year.
Μετακόμισα πέρυσι.

64 - 5

Say cheese!
Πες τυρί!

64 - 6

He's surely a hero.
Είναι σίγουρα ένας ήρωας.

64 - 7

Is he at home?
Είναι στο σπίτι;

Week 64

Level 11

65 - 1

Does the boy arise?
Σηκώνεται το αγόρι;

65 - 2

He left the group.
Έφυγε από την ομάδα.

65 - 3

Have a walk.
Κάντε μια βόλτα.

11/26

65 - 4

Merry Christmas!
Καλά Χριστούγεννα!

65 - 5

Make a withdrawal.
Κάνε μια απόσυρση.

65 - 6

I am retired.
Είμαι συνταξιούχος.

65 - 7

Go straight on.
Πήγαινε ευθεία.

Week 65

Level 11

66 - 1

I like dogs.
Μου αρέσουν τα σκυλιά.

66 - 2

Call an ambulance.
Καλέστε ένα ασθενοφόρο.

66 - 3

Show me our sales.
Δείξε μου τις πωλήσεις μας.

11/26

66 - 4

Have lunch.
Φάε μεσημεριανό.

66 - 5

Sorry for my fault.
Συγγνώμη για το λάθος μου.

66 - 6

You are beautiful.
Είσαι πανέμορφη.

66 - 7

I'm a little tired.
Είμαι λίγο κουρασμένος.

Week 66

Level 12

67 - 1

She talks fast.

Μιλάει γρήγορα.

67 - 2

I have been mugged.

Με έχουν ληστέψει.

67 - 3

Dry in the shade.

Στεγνώστε στη σκιά.

12/26

67 - 4

Where is the exit?

Πού είναι η έξοδος;

67 - 5

Please pay in cash.

Παρακαλώ πληρώστε με μετρητά.

67 - 6

I chilled beer.

Παγωμένη μπύρα.

67 - 7

Here's the menu.

Εδώ είναι το μενού.

Week 67

Level 12

68 - 1

Excellent.
Τέλεια.

68 - 2

Is he a teacher?
Είναι δάσκαλος;

68 - 3

Keep cool.
Ψυχραιμία.

12/26

68 - 4

I feel nauseous.
Νιώθω ναυτία.

68 - 5

You must not.
Δεν πρέπει να το κάνεις.

68 - 6

I am so stressed.
Είμαι τόσο αγχωμένη.

68 - 7

I am very strict.
Είμαι πολύ αυστηρός.

Week 68

Level 12

69 - 1

Eat slowly.
Φάε αργά.

69 - 2

I'm very hungry.
Πεινάω πολύ.

69 - 3

Is the seat vacant?
Είναι κενή η θέση;

12/26

69 - 4

It is as you say.
Είναι όπως λέτε.

69 - 5

Who is he?
Ποιος είναι αυτός;

69 - 6

It smells good.
Μυρίζει ωραία.

69 - 7

I don't have time.
Δεν έχω χρόνο.

Week 69

Level 12

70 - 1

Don't be afraid.
Μη φοβάσαι.

70 - 2

No, thank you.
Όχι, ευχαριστώ.

70 - 3

Call the police.
Κάλεσε την αστυνομία.

70 - 4

12/26

I don't understand.
Δεν καταλαβαίνω.

70 - 5

Is he breathing?
Αναπνέει;

70 - 6

I keep my promise.
Κρατάω την υπόσχεσή μου.

70 - 7

It's my fault.
Εγώ φταίω.

Week 70

Level 12

71 - 1

It's too expensive.
Είναι πολύ ακριβό.

71 - 2

Don't eat too much.
Μην τρως πολύ.

71 - 3

I can't afford it.
Δεν μπορώ να το αντέξω οικονομικά.

12/26

71 - 4

Perfect!
Τέλεια!

71 - 5

I rarely watch TV.
Σπάνια βλέπω τηλεόραση.

71 - 6

Welcome home.
Καλώς ήρθες σπίτι.

71 - 7

It looks great!
Φαίνεται υπέροχο!

Week 71

Level 12

72 - 1

It's cold.
Κάνει κρύο.

72 - 2

The house is big.
Το σπίτι είναι μεγάλο.

72 - 3

Thanks so much.
Ευχαριστώ πολύ.

72 - 4

12/26

Hello! Do come in!
Γεια σας! Ελάτε μέσα!

72 - 5

It's going to rain.
Θα βρέξει.

72 - 6

He is doing fine.
Είναι μια χαρά.

72 - 7

May I have a fork?
Μπορώ να έχω ένα πιρούνι;

Week 72

Level 13

73 - 1

That's fine.
Δεν πειράζει.

73 - 2

I am rather shy.
Είμαι μάλλον ντροπαλός.

73 - 3

Could you repeat?
Μπορείτε να επαναλάβετε;

73 - 4

13/26

Ask him to call me.
Πες του να μου τηλεφωνήσει.

73 - 5

I live on my own.
Ζω μόνη μου.

73 - 6

It's very near.
Είναι πολύ κοντά.

73 - 7

She's greedy.
Είναι άπληστη.

Week 73

Level 13

74 - 1

That's OK.
Δεν πειράζει.

74 - 2

She is a bad woman.
Είναι κακή γυναίκα.

74 - 3

Sounds great.
Ακούγεται υπέροχο.

74 - 4

Cool down.
Ηρέμησε.

13/26

74 - 5

He has high ideals.
Έχει υψηλά ιδανικά.

74 - 6

No way.
Με τίποτα.

74 - 7

I do not feel well.
Δεν αισθάνομαι καλά.

Week 74

Level 13

75 - 1

I hate ironing.
Μισώ το σιδέρωμα.

75 - 2

I love stopovers.
Λατρεύω τις ενδιάμεσες στάσεις.

75 - 3

He's off-guard.
Είναι απροετοίμαστος.

75 - 4

13/26

It is very far.
Είναι πολύ μακριά.

75 - 5

Do as you like.
Κάνε ό,τι θέλεις.

75 - 6

I love you.
Σε αγαπώ.

75 - 7

I live in London.
Μένω στο Λονδίνο.

Week 75

Level 13

76 - 1

I love my job.
Αγαπώ τη δουλειά μου.

76 - 2

The team was weak.
Η ομάδα ήταν αδύναμη.

76 - 3

How is everybody?
Πώς είναι όλοι;

76 - 4

Let's go slowly.
Ας πάμε αργά.

13/26

76 - 5

What should I do?
Τι πρέπει να κάνω;

76 - 6

No parking.
Όχι παρκάρισμα.

76 - 7

The road is closed.
Ο δρόμος είναι κλειστός.

Week 76

Level 13

77 - 1

I feel very tired.
Νιώθω πολύ κουρασμένος.

77 - 2

This work is hard.
Αυτή η δουλειά είναι δύσκολη.

77 - 3

Have a nice day!
Καλή σας μέρα!

77 - 4

13/26

I am in pain.
Πονάω.

77 - 5

I hate tests.
Μισώ τις εξετάσεις.

77 - 6

This is my house.
Αυτό είναι το σπίτι μου.

77 - 7

Are you free now?
Είσαι ελεύθερος τώρα;

Week 77

Level 13

78 - 1

Anything to convey?
Κάτι να μεταφέρετε;

78 - 2

I have to go now.
Πρέπει να φύγω τώρα.

78 - 3

Happy Birthday!
Χρόνια πολλά!

78 - 4

It's been too long.
Έχει περάσει πολύς καιρός.

13/26

78 - 5

I go by scooter.
Πηγαίνω με σκούτερ.

78 - 6

I have no choice.
Δεν έχω άλλη επιλογή.

78 - 7

He came by car.
Ήρθε με αυτοκίνητο.

Week 78

Level 14

79 - 1

Many thanks.
Ευχαριστώ πολύ.

79 - 2

Can you help me?
Μπορείς να με βοηθήσεις;

79 - 3

I jog every day.
Κάνω τζόκινγκ κάθε μέρα.

79 - 4

14/26

Violence is wrong.
Η βία είναι λάθος.

79 - 5

The line is busy.
Η γραμμή είναι κατειλημμένη.

79 - 6

It's your decision.
Είναι δική σου απόφαση.

79 - 7

That's a nuisance.
Αυτό είναι ενοχλητικό.

Level 14

80 - 1

Stop chattering.

Σταμάτα να φλυαρείς.

80 - 2

It was my mistake.

Ήταν δικό μου λάθος.

80 - 3

No, not at all.

Όχι, καθόλου.

80 - 4

I waited two days.

Περίμενα δύο μέρες.

14/26

80 - 5

John, this is Mary.

Τζον, αυτή είναι η Μαίρη.

80 - 6

A sprig of parsley.

Ένα κλαδάκι μαϊντανό.

80 - 7

I'll join you.

Θα σου κάνω παρέα.

Week 80

Level 14

81 - 1

Give it to them.
Δώσ' τους το.

81 - 2

The meat is cooked.
Το κρέας είναι μαγειρεμένο.

81 - 3

He is a fine poet.
Είναι καλός ποιητής.

81 - 4

Turn headlights on.
Ανάψτε τους προβολείς.

14/26

81 - 5

Next please.
Ο επόμενος παρακαλώ.

81 - 6

My shoes got dirty.
Τα παπούτσια μου λερώθηκαν.

81 - 7

Turn right.
Στρίψε δεξιά.

Week 81

Level 14

82 - 1

Do you have a pen?
Έχεις στυλό;

82 - 2

Good job.
Καλή δουλειά.

82 - 3

Would you mind?
Θα σε πείραζε;

82 - 4

She has big legs.
Έχει μεγάλα πόδια.

14/26

82 - 5

I was kidnapped.
Με απήγαγαν.

82 - 6

I don't agree.
Δεν συμφωνώ.

82 - 7

No big deal.
Δεν είναι τίποτα σπουδαίο.

Week 82

Level 14

83 - 1

When is it?
Πότε είναι;

83 - 2

Brilliant idea!
Εξαιρετική ιδέα!

83 - 3

Any ideas?
Καμιά ιδέα;

83 - 4

I have a big dream.
Έχω ένα μεγάλο όνειρο.

14/26

83 - 5

He is a good cook.
Είναι καλός μάγειρας.

83 - 6

Sorry about that.
Συγγνώμη γι' αυτό.

83 - 7

I met her downtown.
Τη συνάντησα στο κέντρο της πόλης.

Week 83

Level 14

84 - 1

Everybody is fine.
Όλοι είναι καλά.

84 - 2

Happy New Year!
Καλή χρονιά!

84 - 3

I'm feeling better.
Αισθάνομαι καλύτερα.

84 - 4

I'll go.
Θα φύγω.

84 - 5

I have a fever.
Έχω πυρετό.

84 - 6

That was close.
Αυτό ήταν κοντά.

84 - 7

She's tall.
Είναι ψηλή.

Week 84

Level 15

85 - 1

Just take it easy.
Απλά ηρέμησε.

85 - 2

I'm okay. Thank you.
Είμαι εντάξει. Είμαι καλά. Ευχαριστώ.

85 - 3

No jumping.
Δεν πηδάμε.

85 - 4

He came here alone.
Ήρθε εδώ μόνος του.

15/26

85 - 5

You're right.
Έχεις δίκιο.

85 - 6

I am Mary.
Είμαι η Μαίρη.

85 - 7

I can't help you.
Δεν μπορώ να σε βοηθήσω.

Week 85

Level 15

86 - 1

Don't panic.
Μην πανικοβάλλεσαι.

86 - 2

She's 27 years old.
Είναι 27 ετών.

86 - 3

I love dogs.
Αγαπώ τα σκυλιά.

86 - 4

I peeled a carrot.
Καθάρισα ένα καρότο.

15/26

86 - 5

Fit as a fiddle.
Σε φόρμα.

86 - 6

How is this cooked?
Πώς μαγειρεύεται αυτό;

86 - 7

Can I travel?
Μπορώ να ταξιδέψω;

Week 86

Level 15

87 - 1

I'm on holiday.
Είμαι σε διακοπές.

87 - 2

His grades went up.
Οι βαθμοί του ανέβηκαν.

87 - 3

He became a doctor.
Έγινε γιατρός.

87 - 4

This is my teacher.
Αυτός είναι ο δάσκαλός μου.

15/26

87 - 5

Fantastic.
Φανταστικό.

87 - 6

It's sunny.
Έχει ήλιο.

87 - 7

Thanks, I'll do it.
Ευχαριστώ, θα το κάνω.

Week 87

Level 15

88 - 1

I have no time.
Δεν έχω χρόνο.

88 - 2

Is it all true?
Είναι όλα αλήθεια;

88 - 3

He was nervous.
Ήταν νευρικός.

88 - 4

I hate onions.
Μισώ τα κρεμμύδια.

15/26

88 - 5

She is my wife.
Είναι η γυναίκα μου.

88 - 6

I will try this.
Θα δοκιμάσω αυτό.

88 - 7

What is he?
Τι είναι αυτός;

Week 88

Level 15

89 - 1

That would be okay.

Αυτό θα ήταν εντάξει.

89 - 2

I love animals.

Αγαπώ τα ζώα.

89 - 3

Best regards.

Με τους καλύτερους χαιρετισμούς.

89 - 4

Leave me alone.

Αφήστε με ήσυχο.

15/26

89 - 5

Is the rumor true?

Είναι αλήθεια η φήμη;

89 - 6

Have a safe flight!

Καλή πτήση!

89 - 7

It is very cold.

Είναι πολύ κρύο.

Week 89

Level 15

90 - 1

I fed the dog.
Τάισα τον σκύλο.

90 - 2

I saw the trailer.
Είδα το τρέιλερ.

90 - 3

Do not wet clean.
Δεν καθαρίζεις με νερό.

90 - 4

Have a drink.
Πιείτε ένα ποτό.

15/26

90 - 5

He's a cunning man.
Είναι πονηρός άνθρωπος.

90 - 6

He knows my number.
Ξέρει τον αριθμό μου.

90 - 7

I have mouth sores.
Έχω πληγές στο στόμα.

Week 90

Level 16

91 - 1

I read your book.
Διάβασα το βιβλίο σου.

91 - 2

I apologize for.
Ζητώ συγγνώμη για.

91 - 3

I feel giddy.
Νιώθω ζαλισμένος.

91 - 4

Yes. I have.
Ναι. Έχω.

16/26

91 - 5

Note the address.
Σημειώστε τη διεύθυνση.

91 - 6

Stop here at red.
Σταμάτα εδώ στο κόκκινο.

91 - 7

It's for a present.
Είναι για ένα δώρο.

Week 91

Level 16

92 - 1

Don't go near him!
Μην τον πλησιάζεις!

92 - 2

It's pouring down.
Βρέχει καταρρακτωδώς.

92 - 3

No food and drinks.
Όχι φαγητό και ποτά.

92 - 4

I like this bag.
Μου αρέσει αυτή η τσάντα.

92 - 5

16/26

Will you meet me?
Θα με συναντήσεις;

92 - 6

I wouldn't mind.
Δεν θα με πείραζε.

92 - 7

Go!
Πήγαινε!

Week 92

Level 16

93 - 1

I'm frightened.
Φοβάμαι.

93 - 2

The bus is leaving.
Το λεωφορείο φεύγει.

93 - 3

Please calm down.
Παρακαλώ ηρεμήστε.

93 - 4

Use black ink only.
Χρησιμοποιήστε μόνο μαύρο μελάνι.

93 - 5

What's wrong?
Τι συμβαίνει;

93 - 6

Did he attempt?
Προσπάθησε;

93 - 7

Safety comes first.
Η ασφάλεια προηγείται.

Week 93

Level 16

94 - 1

Keep the change.
Κράτα τα ρέστα.

94 - 2

He is smart.
Είναι έξυπνος.

94 - 3

I'd be happy to.
Θα το ήθελα πολύ.

94 - 4

Do not lie.
Μη λες ψέματα.

94 - 5

16/26

My nose is itchy.
Η μύτη μου έχει φαγούρα.

94 - 6

Bye for now.
Αντίο για τώρα.

94 - 7

I love lobsters.
Λατρεύω τους αστακούς.

Week 94

Level 16

95 - 1

What happened?
Τι συνέβη;

95 - 2

How old is he?
Πόσο χρονών είναι;

95 - 3

Do me a favor.
Κάνε μου μια χάρη.

95 - 4

It's been a while.
Έχει περάσει καιρός.

16/26

95 - 5

Meet me tomorrow.
Συνάντησέ με αύριο.

95 - 6

Is it true?
Είναι αλήθεια;

95 - 7

I feel hungry.
Εγώ πεινάω.

Week 95

Level 16

96 - 1

This box is heavy.
Αυτό το κουτί είναι βαρύ.

96 - 2

She was very brave.
Ήταν πολύ γενναία.

96 - 3

How is life?
Πώς είναι η ζωή;

96 - 4

Please take notes.
Παρακαλώ κρατήστε σημειώσεις.

96 - 5

Challenge yourself.
Προκαλέστε τον εαυτό σας.

96 - 6

Does he complain?
Παραπονιέται;

96 - 7

I have no money.
Δεν έχω χρήματα.

Week 96

Level 17

97 - 1

Please eat.
Παρακαλώ φάτε.

97 - 2

I do not like you.
Δεν σε συμπαθώ.

97 - 3

I feel sad today.
Νιώθω λυπημένος σήμερα.

97 - 4

A fly is buzzing.
Μια μύγα βουίζει.

97 - 5

17/26

Here is your tip.
Ορίστε το φιλοδώρημά σας.

97 - 6

Is it good for me?
Είναι καλό για μένα;

97 - 7

I'm called John.
Με λένε Τζον.

Week 97

Level 17

98 - 1

Good luck.
Καλή τύχη.

98 - 2

Don't get angry.
Μην θυμώνεις.

98 - 3

She shed tears.
Έριξε δάκρυα.

98 - 4

Maximum occupancy.
Μέγιστη πληρότητα.

98 - 5

She is cold.
Κάνει κρύο.

17/26

98 - 6

Stop the car.
Σταμάτα το αυτοκίνητο.

98 - 7

Now I've got to go.
Τώρα πρέπει να φύγω.

Week 98

Level 17

99 - 1

Please, come in.
Παρακαλώ, περάστε.

99 - 2

It's warm.
Είναι ζεστό.

99 - 3

He's incapable.
Είναι ανίκανος.

99 - 4

Sure. Thank you.
Σίγουρα. Ευχαριστώ.

99 - 5

17/26

Did she appeal?
Έκανε έφεση;

99 - 6

I can't move.
Δεν μπορώ να κουνηθώ.

99 - 7

By all means.
Με κάθε τρόπο.

Week 99

Level 17

100 - 1

Is this book good?
Είναι καλό αυτό το βιβλίο;

100 - 2

Heat the pan.
Ζέστανε το τηγάνι.

100 - 3

I feel happy.
Νιώθω ευτυχισμένος.

100 - 4

I go by train.
Πηγαίνω με τρένο.

100 - 5

I don't need a bag.
Δεν χρειάζομαι τσάντα.

100 - 6

How did he come?
Πώς ήρθε;

100 - 7

Too bad.
Κρίμα.

Week 100

Level 17

101 - 1

He is my classmate.
Είναι συμμαθητής μου.

101 - 2

What day is it?
Τι μέρα είναι;

101 - 3

Thanks for the tip.
Ευχαριστώ για την πληροφορία.

101 - 4

You are so kind.
Είσαι τόσο ευγενικός.

101 - 5

I feel shy.
Ντρέπομαι.

17/26

101 - 6

I was locked up.
Ήμουν κλειδωμένος.

101 - 7

I know that.
Το ξέρω αυτό.

Week 101

Level 17

102 - 1

He has big arms.
Έχει μεγάλα χέρια.

102 - 2

How do I?
Πως το κάνω;

102 - 3

Can you hear me OK?
Με ακούτε καλά;

102 - 4

What day is today?
Τι μέρα είναι σήμερα;

102 - 5

I get up at 6.30.
Εγώ σηκώνομαι στις 6.30.

17/26

102 - 6

My luggage is lost.
Οι αποσκευές μου χάθηκαν.

102 - 7

Where do you live?
Πού μένεις;

Week 102

Level 18

103 - 1

Put on your shirt.

Βάλε το πουκάμισό σου.

103 - 2

Put on your boots!

Φορέστε τις μπότες σας!

103 - 3

He is unconscious.

Είναι αναίσθητος.

103 - 4

Where's the bank?

Πού είναι η τράπεζα;

103 - 5

18/26

What's the matter?

Τι συμβαίνει;

103 - 6

Please.

Σε παρακαλώ.

103 - 7

I will not buy it.

Δεν θα το αγοράσω.

Week 103

Level 18

104 - 1

It's not my fault.
Δεν φταίω εγώ.

104 - 2

How is everyone?
Πώς είναι όλοι;

104 - 3

What is this?
Τι είναι αυτό;

104 - 4

Do you hate him?
Τον μισείς;

104 - 5

I forgave him.
Τον συγχώρεσα.

18/26

104 - 6

Dry flat in shade.
Στεγνώστε το επίπεδο στη σκιά.

104 - 7

Is this reduced?
Είναι μειωμένο;

Week 104

Level 18

105 - 1

Well, shall we go?

Λοιπόν, πάμε;

105 - 2

All the best.

Τα καλύτερα.

105 - 3

I love my family.

Αγαπώ την οικογένειά μου.

105 - 4

Please stand up.

Παρακαλώ σηκωθείτε.

105 - 5

This road is bumpy.

Αυτός ο δρόμος είναι κακοτράχαλος.

18/26

105 - 6

I have a bad cold.

Έχω ένα άσχημο κρυολόγημα.

105 - 7

Best of luck.

Καλή τύχη.

Week 105

Level 18

106 - 1

That is okay.
Δεν πειράζει.

106 - 2

See you tomorrow.
Τα λέμε αύριο.

106 - 3

Any questions?
Ερωτήσεις;

106 - 4

He sold the house.
Πούλησε το σπίτι.

106 - 5

My feel hurt.
Με πονάει.

18/26

106 - 6

He is fine.
Είναι μια χαρά.

106 - 7

He is hungry.
Πεινάει.

Week 106

Level 18

107 - 1

She's feminine.
Είναι θηλυκή.

107 - 2

Keep your word.
Κράτα το λόγο σου.

107 - 3

Please be seated.
Παρακαλώ καθίστε.

107 - 4

How do I go about?
Πως θα πάω;

107 - 5

I have some books.
Έχω μερικά βιβλία.

18/26

107 - 6

This is my friend.
Αυτός είναι ο φίλος μου.

107 - 7

I like this.
Μου αρέσει αυτό.

Level 18

108 - 1

I work at a bank.

Δουλεύω σε τράπεζα.

108 - 2

Here is your key.

Εδώ είναι το κλειδί σας.

108 - 3

I have one brother.

Έχω έναν αδελφό.

108 - 4

Send him out.

Στείλτε τον έξω.

108 - 5

I can't avoid it.

Δεν μπορώ να το αποφύγω.

18/26

108 - 6

Whatever you want.

Ό,τι θέλεις.

108 - 7

Do you think so?

Έτσι νομίζεις;

Week 108

Level 19

109 - 1

He came by bus.
Ήρθε με το λεωφορείο.

109 - 2

What's going on?
Τι συμβαίνει;

109 - 3

I'm from the U.S.
Είμαι από τις ΗΠΑ.

109 - 4

Do you avoid me?
Με αποφεύγεις;

109 - 5

Open your books.
Ανοίξτε τα βιβλία σας.

19/26

109 - 6

I can do it.
Μπορώ να το κάνω.

109 - 7

I bought one book.
Αγόρασα ένα βιβλίο.

Week 109

Level 19

110 - 1

Hi. I'm Cindy.
Γεια. Είμαι η Σίντι.

110 - 2

It is forbidden to.
Απαγορεύεται.

110 - 3

It's cloudy today.
Έχει συννεφιά σήμερα.

110 - 4

He has my number.
Έχει τον αριθμό μου.

110 - 5

I like old cars.
Μου αρέσουν τα παλιά αυτοκίνητα.

19/26

110 - 6

How was your day?
Πώς ήταν η μέρα σου;

110 - 7

I'll ride there.
Θα πάω εκεί.

Week 110

Level 19

111 - 1

Shall I make tea?
Να φτιάξω τσάι;

111 - 2

Don't rush me.
Μη με βιάζεις.

111 - 3

He threw the ball.
Πέταξε την μπάλα.

111 - 4

Talk to you later.
Θα τα πούμε αργότερα.

111 - 5

Thanks.
Ευχαριστώ.

19/26

111 - 6

Please come here.
Παρακαλώ ελάτε εδώ.

111 - 7

That's alright.
Δεν πειράζει.

Week 111

Level 19

112 - 1

Stay with me.
Μείνε μαζί μου.

112 - 2

It's too loose.
Είναι πολύ χαλαρό.

112 - 3

No, I don't mind.
Όχι, δεν με πειράζει.

112 - 4

How disappointing.
Πόσο απογοητευτικό.

112 - 5

Any message please?
Κάποιο μήνυμα, παρακαλώ;

19/26

112 - 6

I'll pay in cash.
Θα πληρώσω με μετρητά.

112 - 7

He's changed a lot.
Έχει αλλάξει πολύ.

Week 112

Level 19

113 - 1

You're hired.
Προσλαμβάνεσαι.

113 - 2

Don't worry.
Μην ανησυχείτε.

113 - 3

Who cares.
Ποιος νοιάζεται.

113 - 4

What do you see?
Τι βλέπεις;

113 - 5

I am a housewife.
Είμαι νοικοκυρά.

113 - 6

Let's order first.
Ας παραγγείλουμε πρώτα.

113 - 7

All the best, bye.
Τα καλύτερα, αντίο.

Week 113

Level 19

114 - 1

Will you marry me?
Θα με παντρευτείς;

114 - 2

Ask him directly.
Ρωτήστε τον ευθέως.

114 - 3

Don't shout.
Μην φωνάζετε.

114 - 4

You can do it!
Μπορείς να το κάνεις!

114 - 5

I have no change.
Δεν έχω ψιλά.

19/26

114 - 6

How's your day?
Πώς είναι η μέρα σου;

114 - 7

I am John.
Είμαι ο Τζον.

Week 114

Level 20

115 - 1

What did he say?

Τι είπε;

115 - 2

Who is this man?

Ποιος είναι αυτός ο άνθρωπος;

115 - 3

Yes, sir!

Μάλιστα, κύριε!

115 - 4

Open wide, please.

Ανοίξτε διάπλατα, παρακαλώ.

115 - 5

Can I have one?

Μπορώ να έχω ένα;

20/26

115 - 6

Please call a taxi.

Παρακαλώ καλέστε ένα ταξί.

115 - 7

The earth is round.

Η γη είναι στρογγυλή.

Week 115

Level 20

116 - 1

Everyone has flaws.

Όλοι έχουν ελαττώματα.

116 - 2

Is it raining?

Βρέχει;

116 - 3

Bye.

Αντίο.

116 - 4

This bag is heavy.

Αυτή η τσάντα είναι βαριά.

116 - 5

Put out the fire.

Σβήστε τη φωτιά.

116 - 6

20/26

How are you doing?

Τι κάνεις;

116 - 7

Is this organic?

Είναι βιολογικό;

Week 116

Level 20

117 - 1

I have a car.

Έχω αυτοκίνητο.

117 - 2

You're so sweet.

Είσαι τόσο γλυκιά.

117 - 3

Don't tell lies.

Μη λες ψέματα.

117 - 4

Go and get dressed.

Πήγαινε να ντυθείς.

117 - 5

What did you buy?

Τι αγόρασες;

20/26

117 - 6

I'm home.

Είμαι σπίτι.

117 - 7

It's ten o'clock.

Είναι δέκα η ώρα.

Week 117

Level 20

118 - 1

See you soon.
Τα λέμε σύντομα.

118 - 2

This is a secret.
Αυτό είναι ένα μυστικό.

118 - 3

My son turned six.
Ο γιος μου έγινε έξι ετών.

118 - 4

That's too bad.
Αυτό είναι πολύ κακό.

118 - 5

I have no problem.
Δεν έχω κανένα πρόβλημα.

118 - 6

20/26

Get out of here!
Φύγετε από εδώ!

118 - 7

He's still young.
Είναι ακόμα νέος.

Week 118

Level 20

119 - 1

Why are you late?
Γιατί άργησες;

119 - 2

He loves himself.
Αγαπάει τον εαυτό του.

119 - 3

See you next time.
Τα λέμε την επόμενη φορά.

119 - 4

Is this seat taken?
Είναι πιασμένη αυτή η θέση;

119 - 5

How are things?
Πως πάνε τα πράγματα;

20/26

119 - 6

Are the shops open?
Είναι ανοιχτά τα μαγαζιά;

119 - 7

Good to see you.
Χαίρομαι που σε βλέπω.

Week 119

Level 20

120 - 1

Is this on sale?
Αυτό είναι προς πώληση;

120 - 2

What do you mean?
Τι εννοείς;

120 - 3

He is my colleague.
Είναι συνάδελφός μου.

120 - 4

He's studying now.
Σπουδάζει τώρα.

120 - 5

I like to be alone.
Μου αρέσει να είμαι μόνος.

120 - 6

I like you.
Μου αρέσεις.

20/26

120 - 7

I got a new job.
Πήρα μια νέα δουλειά.

Week 120

Level 21

121 - 1

I love cats.
Μου αρέσουν οι γάτες.

121 - 2

I heard a gunshot.
κουσα έναν πυροβολισμό.

121 - 3

What about you?
Εσύ τι θα κάνεις;

121 - 4

Motivate yourself.
Παρακινήστε τον εαυτό σας.

121 - 5

My car is broken.
Το αυτοκίνητό μου είναι χαλασμένο.

121 - 6

21/26

She had surgery.
Έκανε εγχείρηση.

121 - 7

It's very unlikely.
Είναι πολύ απίθανο.

Week 121

Level 21

122 - 1

It's your mistake.
Είναι δικό σου λάθος.

122 - 2

I injured my thumb.
Χτύπησα τον αντίχειρά μου.

122 - 3

The rain stopped.
Η βροχή σταμάτησε.

122 - 4

Are you not well?
Δεν είσαι καλά;

122 - 5

I am sorry.
Λυπάμαι.

122 - 6

Have a pizza.
Πάρτε μια πίτσα.

21/26

122 - 7

Don't skip meals.
Μην παραλείπεις τα γεύματα.

Week 122

Level 21

123 - 1

How is your father?

Πώς είναι ο πατέρας σου;

123 - 2

Wake him up.

Ξύπνα τον.

123 - 3

Thank you so much!

Σας ευχαριστώ πολύ!

123 - 4

Can I use the gym?

Μπορώ να χρησιμοποιήσω το γυμναστήριο;

123 - 5

It's your fault.

Εσύ φταις.

21/26

123 - 6

I can help you.

Μπορώ να σας βοηθήσω.

123 - 7

It's 16th June.

Είναι 16 Ιουνίου.

Week 123

Level 21

124 - 1

You deserve it!

Το αξίζεις!

124 - 2

My head aches.

Πονάει το κεφάλι μου.

124 - 3

Take care.

Να προσέχεις.

124 - 4

Yes, I've got one.

Ναι, έχω ένα.

124 - 5

Before you begin.

Πριν ξεκινήσετε.

124 - 6

I'll pay for that.

Θα το πληρώσω αυτό.

21/26

124 - 7

Who told you?

Ποιος σου το είπε;

Week 124

Level 21

125 - 1

He has gone out.
Έχει βγει έξω.

125 - 2

I believe you.
Σε πιστεύω.

125 - 3

I love my father.
Αγαπώ τον πατέρα μου.

125 - 4

The water is hard.
Το νερό είναι σκληρό.

125 - 5

I read the Times.
Διαβάζω τους Times.

125 - 6

I unlaced my shoes.
Ξεσφίγγωσα τα παπούτσια μου.

21/26

125 - 7

Insert card here.
Βάλτε την κάρτα εδώ.

Week 125

Level 21

126 - 1

I ate heartily.
Έφαγα πολύ.

126 - 2

Absolutely not.
Όχι, σε καμία περίπτωση.

126 - 3

It's twelve thirty.
Είναι δώδεκα και μισή.

126 - 4

He runs fast.
Τρέχει γρήγορα.

126 - 5

Remind me.
Θύμισέ μου.

126 - 6

The boss is coming.
Έρχεται το αφεντικό.

21/26

126 - 7

Complete the table.
Συμπληρώστε τον πίνακα.

Week 126

Level 22

127 - 1

What a nice dress.
Τι ωραίο φόρεμα.

127 - 2

A sheet of pastry.
Ένα φύλλο ζαχαροπλαστικής.

127 - 3

I agree.
Συμφωνώ.

127 - 4

What time is it?
Τι ώρα είναι;

127 - 5

I saw his album.
Είδα το άλμπουμ του.

127 - 6

What do you think?
Εσύ τι λες;

22/26

127 - 7

I like oranges.
Μου αρέσουν τα πορτοκάλια.

Week 127

Level 22

128 - 1

You're wrong.
Έχεις άδικο.

128 - 2

I can't breathe.
Δεν μπορώ να αναπνεύσω.

128 - 3

He's an actor.
Είναι ηθοποιός.

128 - 4

His voice is soft.
Η φωνή του είναι απαλή.

128 - 5

It was my pleasure.
Ευχαρίστησή μου.

128 - 6

Do the home work.
Κάνε τη δουλειά στο σπίτι.

22/26

128 - 7

I really like you.
Μου αρέσεις πολύ.

Week 128

Level 22

129 - 1

What did you do?
Τι έκανες;

129 - 2

Good morning.
Καλημέρα.

129 - 3

I need a doctor.
Χρειάζομαι έναν γιατρό.

129 - 4

Thanks for calling.
Ευχαριστώ για το τηλεφώνημα.

129 - 5

How old are you?
Πόσο χρονών είσαι;

129 - 6

It's Monday again.
Είναι πάλι Δευτέρα.

22/26

129 - 7

Please hurry!
Σε παρακαλώ, βιάσου!

Week 129

Level 22

130 - 1

You are welcome.
Είστε ευπρόσδεκτος.

130 - 2

I am so into you.
Είμαι τόσο ερωτευμένη μαζί σου.

130 - 3

It sounds good.
Ακούγεται καλό.

130 - 4

It is quite tasty.
Είναι αρκετά νόστιμο.

130 - 5

A coffee please.
Έναν καφέ παρακαλώ.

130 - 6

Is this show good?
Είναι καλή αυτή η εκπομπή;

22/26

130 - 7

Nice day, isn't it?
Ωραία μέρα, έτσι δεν είναι;

Week 130

Level 22

131 - 1

Describe yourself.
Περιγράψτε τον εαυτό σας.

131 - 2

I'll be online.
Θα είμαι online.

131 - 3

Let me help you.
σε με να σε βοηθήσω.

131 - 4

Can you forgive me?
Μπορείς να με συγχωρέσεις;

131 - 5

Please sign here.
Παρακαλώ υπογράψτε εδώ.

131 - 6

She has a car.
Έχει αυτοκίνητο.

22/26

131 - 7

He is on leave.
Είναι σε άδεια.

Week 131

Level 22

132 - 1

Ice is a solid.
Ο πάγος είναι στερεό.

132 - 2

Sorry I am late.
Συγγνώμη που άργησα.

132 - 3

He was shivering.
Έτρεμε.

132 - 4

Yes. Certainly.
Ναι. Βεβαίως.

132 - 5

Please show me.
Σε παρακαλώ δείξε μου.

132 - 6

My mother sighed.
Η μητέρα μου αναστέναξε.

22/26

132 - 7

Return it safely.
Επιστρέψτε το με ασφάλεια.

Week 132

Level 23

133 - 1

Yes, I'd love too.

Ναι, θα το ήθελα πολύ.

133 - 2

Your bag is light.

Η τσάντα σου είναι ελαφριά.

133 - 3

That's wonderful.

Αυτό είναι υπέροχο.

133 - 4

Nice to meet you.

Χάρηκα για τη γνωριμία.

133 - 5

I work as a doctor.

Εργάζομαι ως γιατρός.

133 - 6

I go by cycle.

Πηγαίνω με τον κύκλο.

23/26

133 - 7

You can go home.

Μπορείτε να πάτε σπίτι.

Week 133

Level 23

134 - 1

Don't confuse me.
Μην με μπερδεύεις.

134 - 2

Thank you.
Σας ευχαριστώ.

134 - 3

I'm thirsty.
Διψάω.

134 - 4

Did anybody come?
Ήρθε κανείς;

134 - 5

Did I ask you?
Σε ρώτησα;

134 - 6

What's new?
Τι νέα;

23/26

134 - 7

Let's go by bus.
Πάμε με το λεωφορείο.

Week 134

Level 23

135 - 1

Our cat is a male.

Ο γάτος μας είναι αρσενικός.

135 - 2

You look pale.

Φαίνεσαι χλωμός.

135 - 3

He is a lucky man.

Είναι τυχερός άνθρωπος.

135 - 4

It is nothing.

Δεν είναι τίποτα.

135 - 5

I am outspoken.

Είμαι ειλικρινής.

135 - 6

Please keep quiet.

Σε παρακαλώ, μη μιλάς.

23/26

135 - 7

I hate cigarettes.

Μισώ τα τσιγάρα.

Week 135

Level 23

136 - 1

Focus on your goal.

Συγκεντρώσου στο στόχο σου.

136 - 2

Do what you like.

Κάνε ό,τι σου αρέσει.

136 - 3

This cake is yummy.

Αυτό το κέικ είναι νόστιμο.

136 - 4

Make a note of it.

Σημειώστε το.

136 - 5

Yes, I am certain.

Ναι, είμαι σίγουρη.

136 - 6

He is my father.

Είναι ο πατέρας μου.

136 - 7

May I have a word?

Μπορώ να έχω μια λέξη;

Week 136

Level 23

137 - 1

I'll take them all.
Θα τα πάρω όλα.

137 - 2

Of course.
Φυσικά.

137 - 3

He's a good person.
Είναι καλός άνθρωπος.

137 - 4

Good luck to you.
Καλή σας τύχη.

137 - 5

I'm not interested.
Δεν ενδιαφέρομαι.

137 - 6

Is the story true?
Είναι αληθινή η ιστορία;

23/26

137 - 7

Here you go.
Ορίστε.

Week 137

Level 23

138 - 1

He's short.
Είναι κοντός.

138 - 2

How does it work?
Πώς δουλεύει;

138 - 3

Are you tired?
Είσαι κουρασμένη;

138 - 4

This is my boss.
Αυτό είναι το αφεντικό μου.

138 - 5

It's pouring.
Χύνεται.

138 - 6

This is a shortcut.
Αυτός είναι ένας σύντομος δρόμος.

23/26

138 - 7

I don't think so.
Δε νομίζω.

Week 138

Level 24

139 - 1

You're kidding.
Αστειεύεσαι.

139 - 2

It's raining.
Βρέχει.

139 - 3

Yes, please.
Ναι, παρακαλώ.

139 - 4

Please go in front.
Παρακαλώ πηγαίνετε μπροστά.

139 - 5

Is John in?
Είναι μέσα ο Τζον;

139 - 6

It's time to leave.
Ήρθε η ώρα να φύγουμε.

24/26

139 - 7

No big thing.
Δεν είναι τίποτα σπουδαίο.

Week 139

Level 24

140 - 1

A pack of vitamins.
Ένα πακέτο βιταμίνες.

140 - 2

Are you married?
Είσαι παντρεμένος;

140 - 3

I want new shoes.
Θέλω καινούργια παπούτσια.

140 - 4

I'm impressed.
Είμαι εντυπωσιασμένος.

140 - 5

Do not drink.
Μην πίνεις.

140 - 6

Did she ask me?
Με ρώτησε;

140 - 7

No, I'd rather not.
Όχι, καλύτερα όχι.

24/26

Level 24

141 - 1

Mince the garlic.

Ψιλοκόψτε το σκόρδο.

141 - 2

Follow the signs.

Ακολουθήστε τις πινακίδες.

141 - 3

He loves barbecues.

Του αρέσουν τα μπάρμπεκιου.

141 - 4

She's very honest.

Είναι πολύ ειλικρινής.

141 - 5

Do not disturb.

Μην ενοχλείτε.

141 - 6

Where are you now?

Πού είσαι τώρα;

24/26

141 - 7

The bath is ready.

Το μπάνιο είναι έτοιμο.

Week 141

Level 24

142 - 1

You are all set.
Είστε έτοιμοι.

142 - 2

All right.
Εντάξει, εντάξει.

142 - 3

I'm sorry, I can't.
Λυπάμαι, δεν μπορώ.

142 - 4

Talk to a witness.
Μιλήστε με έναν μάρτυρα.

142 - 5

I have an idea.
Έχω μια ιδέα.

142 - 6

Be careful.
Πρόσεχε.

142 - 7

Exactly.
Ακριβώς.

24/26

Week 142

Level 24

143 - 1

She's with me.
Είναι μαζί μου.

143 - 2

That sounds nice.
Ωραίο ακούγεται.

143 - 3

I dyed my hair red.
Έβαψα τα μαλλιά μου κόκκινα.

143 - 4

I totally disagree.
Διαφωνώ απόλυτα.

143 - 5

He hates evil.
Μισεί το κακό.

143 - 6

He joined our team.
Έγινε μέλος της ομάδας μας.

143 - 7

24/26

Who will help you?
Ποιος θα σε βοηθήσει;

Week 143

Level 24

144 - 1

I loathe ironing.
Σιχαίνομαι το σιδέρωμα.

144 - 2

I'll be back.
Θα επιστρέψω.

144 - 3

We sang loudly.
Τραγουδήσαμε δυνατά.

144 - 4

So what?
Και τι έγινε;

144 - 5

I'll go right away.
Θα πάω αμέσως.

144 - 6

What will you do?
Τι θα κάνεις;

144 - 7

Fine.
Ωραία.

24/26

Week 144

Level 25

145 - 1

Let's meet again.

Ας ξανασυναντηθούμε.

145 - 2

She is bleeding.

Αιμορραγεί.

145 - 3

Don't make noise.

Μην κάνεις θόρυβο.

145 - 4

It's almost time.

Είναι σχεδόν ώρα.

145 - 5

This is my husband.

Αυτός είναι ο σύζυγός μου.

145 - 6

Practice first aid.

Εξασκηθείτε στις πρώτες βοήθειες.

145 - 7

25/26

I feel tired.

Νιώθω κουρασμένος.

Week 145

Level 25

146 - 1

Does she behold me?
Με κοιτάζει;

146 - 2

Don't come near me.
Μη με πλησιάζεις.

146 - 3

Please include me.
Παρακαλώ, συμπεριλάβετε με.

146 - 4

Where did he come?
Πού ήρθε;

146 - 5

I like this show.
Μου αρέσει αυτό το σόου.

146 - 6

It's too tight.
Είναι πολύ στενό.

146 - 7

Sincerely thanks.
Ειλικρινά ευχαριστώ.

25/26

Week 146

Level 25

147 - 1

They have guns.
Έχουν όπλα.

147 - 2

Who are you?
Ποιος είσαι εσύ;

147 - 3

I feel guilty.
Αισθάνομαι ένοχη.

147 - 4

Glad to meet you.
Χαίρομαι που σας γνωρίζω.

147 - 5

A sack of rice.
Ένα σακί ρύζι.

147 - 6

I'm truly sorry.
Πραγματικά λυπάμαι.

147 - 7

It wasn't me.
Δεν ήμουν εγώ.

25/26

Week 147

Level 25

148 - 1

First, you.
Πρώτα εσύ.

148 - 2

See you.
Τα λέμε.

148 - 3

Don't talk to me.
Μη μου μιλάς.

148 - 4

There's a bomb!
Υπάρχει μια βόμβα!

148 - 5

Can I see the menu?
Μπορώ να δω το μενού;

148 - 6

Hold on tight.
Κρατήσου σφιχτά.

148 - 7

How about you?
Εσύ τι λες;

25/26

Week 148

Level 25

149 - 1

He's courageous.
Είναι θαρραλέος.

149 - 2

He's a fine man.
Είναι καλός άνθρωπος.

149 - 3

How do you do?
Τι κάνεις;

149 - 4

Good evening.
Καλησπέρα σας.

149 - 5

My foot went numb.
Το πόδι μου μούδιασε.

149 - 6

This is for you.
Αυτό είναι για σένα.

149 - 7

I am friendly.
Είμαι φιλική.

25/26

Week 149

Level 25

150 - 1

I didn't do it.

Δεν το έκανα εγώ.

150 - 2

Let's talk calmly.

Ας μιλήσουμε ήρεμα.

150 - 3

Slow down.

Πιο σιγά.

150 - 4

I'm sorry I'm late.

Συγγνώμη που άργησα.

150 - 5

How is he doing?

Τι κάνει;

150 - 6

Close your eyes.

Κλείσε τα μάτια σου.

150 - 7

I got it.

Το βρήκα.

25/26

Week 150

Level 26

151 - 1

Please come.
Παρακαλώ ελάτε.

151 - 2

My camera broke.
Η φωτογραφική μου μηχανή έσπασε.

151 - 3

She has fat legs.
Έχει χοντρά πόδια.

151 - 4

I love summer.
Λατρεύω το καλοκαίρι.

151 - 5

He combed his hair.
Χτένισε τα μαλλιά του.

151 - 6

I've been attacked.
Μου επιτέθηκαν.

151 - 7

It's too long.
Είναι πολύ αργά.

26/26

Week 151

Level 26

152 - 1

Call the nurse.

Πάρε τη νοσοκόμα.

152 - 2

Is she calling you?

Σου τηλεφωνεί;

152 - 3

Remember the date.

Θυμηθείτε την ημερομηνία.

152 - 4

Are you joking?

Αστειεύεσαι;

152 - 5

That's all right.

Δεν πειράζει.

152 - 6

I have the flu.

Έχω γρίπη.

152 - 7

She glared at me.

Με κοίταζε με άγριο βλέμμα.

26/26

Week 152

Level 26

153 - 1

I hate carrots.
Μισώ τα καρότα.

153 - 2

That's great.
Αυτό είναι υπέροχο.

153 - 3

I am bold.
Είμαι τολμηρός.

153 - 4

I go to a gym.
Πηγαίνω σε γυμναστήριο.

153 - 5

He spoke loudly.
Μίλησε δυνατά.

153 - 6

Poor you.
Καημένε μου.

153 - 7

I get up at 5.15.
Σηκώνομαι στις 5.15.

26/26

Week 153

Level 26

154 - 1

Are you with me?
Είσαι μαζί μου;

154 - 2

I am a teacher.
Είμαι δάσκαλος.

154 - 3

I can't get out.
Δεν μπορώ να βγω έξω.

154 - 4

They speak French.
Μιλούν γαλλικά.

154 - 5

Go away!
Φύγε!

154 - 6

Do you understand?
Καταλαβαίνεις;

154 - 7

No, you cannot.
Όχι, δεν μπορείς.

26/26

Week 154

Level 26

155 - 1

Time flies.
Ο χρόνος κυλάει.

155 - 2

How have you been?
Πώς είσαι;

155 - 3

It's too short.
Είναι πολύ κοντό.

155 - 4

I missed the bus.
Έχασα το λεωφορείο.

155 - 5

The sun is glaring.
Ο ήλιος λάμπει.

155 - 6

Take this road.
Πάρε αυτό το δρόμο.

155 - 7

The bill, please.
Το λογαριασμό, παρακαλώ.

26/26

Week 155

Level 26

156 - 1

Her words hurt me.

Τα λόγια της με πλήγωσαν.

156 - 2

I have a black bag.

Έχω μια μαύρη τσάντα.

156 - 3

What do you do?

Τι κάνετε;

156 - 4

She is my mother.

Είναι η μητέρα μου.

156 - 5

They are engaged.

Είναι απασχολημένοι.

156 - 6

It's too late now.

Είναι πολύ αργά τώρα.

156 - 7

He's a loser.

Είναι χαμένος.

26/26

Week 156

Made in United States
Troutdale, OR
04/11/2024

19125335R00090